走遍世界
很简单

ZOUBIAN SHIJIE HENJIANDAN

挪威大探秘

NUOWEI DATANMI

知识达人 编著

成都地图出版社

图书在版编目（CIP）数据

挪威大探秘 / 知识达人编著 . — 成都 : 成都地图
出版社 , 2017.1（2022.5 重印）
（走遍世界很简单）
ISBN 978-7-5557-0304-4

Ⅰ . ①挪… Ⅱ . ①知… Ⅲ . ①挪威—概况 Ⅳ .
① K953.3

中国版本图书馆 CIP 数据核字 (2016) 第 094286 号

走遍世界很简单——挪威大探秘

责任编辑：张　　忠
封面设计：纸上魔方

出版发行：成都地图出版社
地　　址：成都市龙泉驿区建设路 2 号
邮政编码：610100
电　　话：028 - 84884826（营销部）
传　　真：028 - 84884820

印　　刷：三河市人民印务有限公司
（如发现印装质量问题，影响阅读，请与印刷厂商联系调换）

开　　本：710mm×1000mm　1/16
印　　张：8　　　　　　　　字　　数：160 千字
版　　次：2017 年 1 月第 1 版　　印　　次：2022 年 5 月第 5 次印刷
书　　号：ISBN 978-7-5557-0304-4

定　　价：38.00 元

前　言

美丽的大千世界带给我们无限精彩的同时，也让我们产生很多疑问：世界上到底有多少个国家？美国位于什么地方？为什么奥地利有那么多知名的音乐家？为什么丹麦被称为"童话之乡"？……相信这些问题经常会萦绕在小读者的脑海中。

为了解答这些问题，我们精心编写了这套《走遍世界很简单》系列丛书，里面包含了世界各国丰富的自然、地理、历史以及人文等社会科学知识，充满了趣味性和可读性，力求让小读者掌握最全面、最准确的知识。

本系列丛书人物对话生动有趣，文字浅显易懂，并配有精美的插图，是一套能开拓孩子视野、帮助孩子增长知识的丛书。现在，就让我们打开这套丛书，开始奇特的环球旅行吧！

路易斯大叔

美国人，是位不折不扣的旅行家、探险家和地理学家，足迹遍布全世界。

多多

10岁的美国男孩，聪明、活泼好动、古灵精怪，对一切事物都充满好奇。

米娜

10岁的中国女孩，爸爸是美国人，妈妈是中国人，从小生活在中国，文静可爱，梦想多多。

目 录

目　录

乌云越来越黑，越来越低，海面上突然
狂风大作，惊涛骇浪宛如一头饥饿的怪兽汹

涌而来，船身开
始剧烈地左右摇晃。

多多发现自己站在冰冷的甲板上，面前是一群可怕的海盗。他们戴着上面有两个弯角的头盔，身上披着兽皮，头发胡子脏兮兮地粘在一起，手中还挥舞着长刀和斧头，正狞笑着向他逼近。

多多觉得自己的头发一根根竖了起来，不知道从什么地方冒出来这么多恐怖的家伙，而自己的周围空荡荡的，手上也什么都没有，怎么办？路易斯大叔呢？每次遇到危险的时候，他都会适时出现，带着多多化险为夷啊，他去哪儿了？多多大声喊道："路易斯大叔！快来救救我！路易斯大叔！你在哪儿啊？"

多多的喊声一点也没有阻止海盗前进的脚步，领头的那个海盗甚至还咧着嘴朝多多嘟囔了一句什么也听不懂的话，引得后面跟随着的

海盗们哈哈大笑起来。

多多急得几乎要哭出来，紧闭双眼，用尽全身的力气大喊："路易斯大叔！路易斯大叔！"

这时，多多耳边响起了一个熟悉的声音："多多！你怎么了？出什么事了？快醒过来！"

多多听到这个声音，一下子觉得踏实了，这就是路易斯大叔的声音啊。他猛地睁开眼睛，看到了路易斯大叔关切的面孔。多多这才明白，刚才是自己在做梦。

多多对路易斯大叔和米娜说："我梦见我在一艘海盗船上！我要一个人对付很多海盗呢！"

米娜听了他的话，大笑着说："你自己要对付加勒比海盗啊？那咱们去好莱坞找强尼·德普，让你在电影里当一次大英雄，可以吧？"

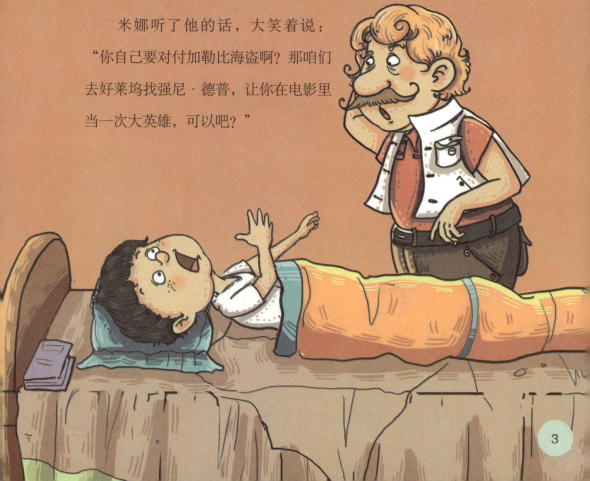

多多红着脸说:"才不是加勒比海盗呢,比加勒比海盗恐怖多了,是北欧海盗!再说,我只是在做梦,要是我真遇见他们,我才不会害怕呢,我是勇士!"

路易斯大叔笑着说:"那么,小勇士,你想去见识一下真正的海盗吗?"

多多没想到路易斯大叔会这么问:"真正的海盗?"

路易斯大叔点点头:"对啊,我们也有几个月没出去探险了,你刚才这个梦,倒是启发了我,咱们不如去海盗的故乡看看,怎么样?"

多多看看路易斯大叔,还有路易斯大叔身边满脸得意的米娜,生怕再被米娜说成胆小鬼,连忙用力地点点头:"好啊好啊!看我怎么去对付真正的海盗!"

这次变成了路易斯大叔哈哈大笑起来："多多，光有热情是不行的，你还得好好做做功课啊。去一个地方之前，得先对那里有个大概的了解呀。我这几天出去准备一下我们需要的东西，办理一些必要的手续，给你们俩布置个作业，那就是先简单了解一下我们这次要去的地方——挪威，怎么样？"

"好！"多多和米娜异口同声地答道。

当路易斯大叔和米娜转身出去，房间里重新恢复了安宁和寂静，多多却睡意全无，他迫不及待地打开电脑，在浏览器的搜索引擎上输入"挪威"，很快，页面上出现了整页与挪威相关的新闻链接，多多打开几条，复制、粘贴到文档中，一边打印一边想：我得提前把这些资料背下来，这回可一定不能再被米娜笑话了！

第1章

来到万岛之国

当飞机开始在跑道上滑行时，座位上的两个孩子兴奋极了。

路易斯大叔笑着说："对了，要求你们做的功课怎么样了？"

多多一听这句话，立刻来了兴致，抢着回答说："挪威的全称叫挪威王国，它的位置在斯堪的纳维亚半岛的西部，西边紧挨着大西洋，东边和瑞典王国接壤。挪威的国土面积有38.8万平方千米，形状就像一个大蝌蚪，南北向很长，有1700多千米，东西则宽窄不均，最宽的南部地区也只有400多千米，而北边最窄处只有6千米，所以它的南部像蝌蚪大大的脑袋，中部到北部则是蝌蚪长长的身子，因此挪威的海岸线有2万多千米，海岸线长度在国际上也算是名列前茅的。挪威的首都是奥斯陆，然后……然后……那里还曾经是海盗的聚集地。"

路易斯大叔把脸转向米娜："米娜，你还有什么补充的吗？"

米娜清清嗓子说："挪威国土的北部跟芬兰和俄罗斯接壤，因为它三面环海，所以不但海岸线很长，峡湾也很多，更有不少天然的港口。挪威有2/3的国土是高原、山脉和冰川，斯堪的纳维亚山脉从南到北

贯穿了全境，把它和瑞典自然地分隔开。挪威的海岸线曲折复杂，所以有很多的小岛，有的小岛甚至只是一块大石头，据说小岛的总数有15万个，挪威又叫'万岛之国'。挪威的年降水量和河流流量都很充足，所以水力资源居欧洲第一，因为水利资源的充足，全国的电力都是靠水力发电供应的。挪威的行政区分为1个市和18个郡，下面还分了400多个市镇呢。"

　　路易斯大叔笑了："你们都是在网上查的资料吧？这些死板的数据跟真正的身临其境感觉是完全不一样的，有人说，挪威是由绿、白、蓝三种颜色组成的呢。"

多多不解地问：“绿、白、蓝？挪威的国旗明明是红、白、蓝三种颜色组成的啊，是在红色旗面的偏左侧重叠着白色和蓝色的十字，象征着自由和独立……”

“你说得没错，但旅行者眼中的三种颜色与国旗的颜色是没有什么关联的，等你们亲眼见到，自然就会明白了。”

机舱里的乘务员用甜美的声音向大家播报，飞机即将降落在奥斯陆机场，这让多多和米娜忘记了长时间旅行的疲倦，他们已经有些迫不及待了！

下了飞机，路易斯大叔带着米娜、多多在候机大厅里拿到他们的行李箱后，笑着对两个孩子说：“现在，我们就正式踏上挪威的土地了。”

多多左右看看："咦？这里看着空荡荡的，咱们怎么去住的地方呢？"

路易斯大叔回答道："看起来机场没那么喧闹，但是周围公交快线、普通火车、高速列车和出租车应有尽有呢！因为欧洲人的时间和公共秩序观念很强，所以别说这里的机场与亚洲很多地方都不一样，即使与同属西方文化的北美那种熙熙攘攘的状况，也有很大不同呢。这一点也算是东西方文化差异的表现之一，其实啊，文化的差异是体现在生活中方方面面的，你们细细观察就会有所发现。"两个孩子听了，

认真地点点头。

　　路易斯大叔带着孩子们一边向机场大巴快线走去，一边补充了一下奥斯陆机场的情况："奥斯陆共有3个机场，咱们到达的这个是最大的一个，也是离市区最远的，有将近50千米的距离。主要是负责大部分欧洲航线，以及一部分北美和亚洲航线的起降任务。"

　　上了大巴，米娜找了一个靠窗的座位坐下，开始欣赏窗外随着汽车的行进不断变换的景致，对于孩子们来说，在陌生的国土中，一切都是让人感觉新奇的。看着忽高忽低的地势和结着薄冰的路面，他们为驾驶员淡然的表情和精湛的操控技术佩服了好一阵子。路易斯大叔则见惯不惊，他拿出记事本，确认了预订宾馆的地址后，就靠在椅背上开始闭目养神了。

来到宾馆，安排好了房间，路易斯大叔对多多和米娜说："路上你们一定很累了，咱们今天不去做太耗费体力的活动，等会儿去市区里那座雕塑公园看看。"

　　"雕塑公园？就是旅游画报上见过的那个，号称世界最大的青铜雕塑公园吗？"米娜的问话中带着惊喜。

　　路易斯大叔笑着说："不是号称，这个公园真的是世界上最大的青铜雕塑公园。"

第2章

一个人造就的雕塑公园

　　到了宾馆后，两个孩子快速放好行李，拎着相机和水杯就来敲路易斯大叔房间的门。

从宾馆出来往公园走的路上，路易斯大叔不失时机地给多多和米娜简单补习了雕塑公园的概况："咱们要去的这个公园也被称作'生命之园'或者'人生公园'，里面一共有192座雕像和650个浮雕，质地也不尽相同，根据需要表现的题材、内容的差别，分别采用了青铜、铸铁、花岗岩等材料。"

米娜扬起头，问道："我记得资料上说这些雕塑的作者都是同一

个人，他怎么会有精力弄出这么多作品呢？"

路易斯大叔继续说："没错，这座公园的计划者和实施者确实是同一个人，在具体制作的时候，当然还有他的学生和助手。米娜，你还记得作者的名字叫什么吗？"

"嗯，好像是叫维格兰……对，叫维格兰，没错。"米娜想了想，肯定地回答。

路易斯大叔点点头："要说这座雕塑公园的建造，还多亏了当初维格兰一个大胆的建议呢。在1907年的时候，维格兰受奥斯陆市政府的邀请设计一个打算放置在这片绿地上的喷泉，当维

格兰设计好喷泉的草稿之后，脑子里却跳出越来越多的点子和想法，于是他向奥斯陆市政府申请，说如果能够给他一块足够大的地方完成这些脑海里的雕塑作品，那么他也将用作品让这块地方闻名世界。结果，他真的实现了他的愿望，也真的使这些雕塑成为这座城市乃至整个国家的人文景观代表。"

多多抬起头："听说当时他就非常有名了，他上的一定是名牌大学，而且他在大学里的成绩一定很棒，要不然怎么会有那么大的名气呢！"

路易斯大叔摇摇头，说："维格兰可没有读过大学呀。维格兰的爸爸是一个木匠，因为环境的影响，维格兰从小就对雕刻有很大的兴趣。他15岁的时候，他的爸爸让他来到奥斯陆当了小学徒学习雕塑。"

路易斯大叔掏出随身带的水壶，喝了一口，继续说："过了两年，他的爸爸就去世了，他只好回家去找些零工挣点小钱贴补家用。

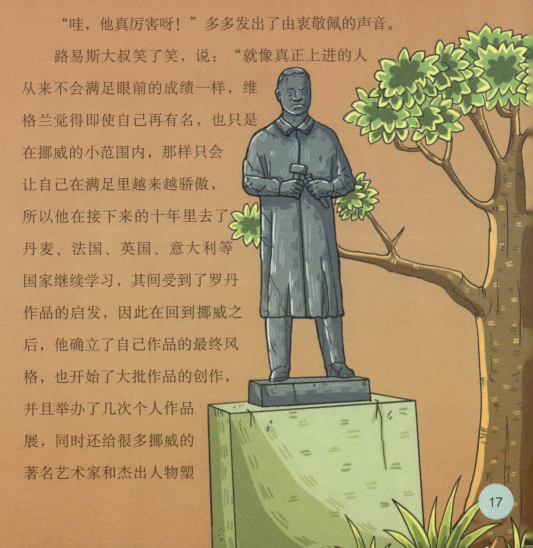

但是他心里始终想进一步提高自己的雕塑水平和修养，因此又过了两年，他再次回到奥斯陆，继续他的学习生涯。那段时间也是他生活最艰难的时期，他住在潮湿阴暗的地下室里，而且经常没有钱去买面包填饱肚子。庆幸的是，一个叫伯格斯林的雕刻家很欣赏维格兰的天分与勤勉，在生活和技艺上都给了他很大帮助，维格兰也没有辜负这份期望，20岁时就在国家级别的展览上展示了自己的作品。"

"哇，他真厉害呀！"多多发出了由衷敬佩的声音。

路易斯大叔笑了笑，说："就像真正上进的人从来不会满足眼前的成绩一样，维格兰觉得即使自己再有名，也只是在挪威的小范围内，那样只会让自己在满足里越来越骄傲，所以他在接下来的十年里去了丹麦、法国、英国、意大利等国家继续学习，其间受到了罗丹作品的启发，因此在回到挪威之后，他确立了自己作品的最终风格，也开始了大批作品的创作，并且举办了几次个人作品展，同时还给很多挪威的著名艺术家和杰出人物塑

17

像。也正因为这样，他的申请才会通过，创造出了今天的雕塑公园啊。"

多多听完这些，说："我一定要以他为榜样，向他学习。"

这时，米娜指着远处绿荫中一个若隐若现的高耸石柱，雀跃着喊道："那就是了雕塑公园吧？路易斯大叔，我在画报上看到过，应该没错。"

路易斯大叔看了看，说："没错！我们马上就到了。"

第 3 章

栩栩如生的雕塑

公园的入口就在路边，里面静悄悄的，铁门上镂空的铁艺形象是不同年龄段的人像，似乎已经在开始展示公园的主题。

19

路易斯大叔带着两个孩子顺着坡道向公园深处走去，眼前是一座宽阔的石桥，石桥下面是清澈的池塘，而石桥两边的护栏上，则是姿态各异的青铜雕像，这顿时吸引了米娜和多多的目光。

"这就是生命之桥啦。"路易斯大叔边说着，边带领他俩加快脚步走过去。这些雕像都比真人略高大一些，形体匀称，肌肉健壮，表情更是惟妙惟肖。每一尊雕像的造型都不同，有的在沉思，有的在奔跑，有的在呐喊，还有的是组合成一幅情景。

米娜的脚步停在了一个小男孩单人像旁边，小男孩的双手和双脚都已经被几十年来源源不断的游客的手摩挲得从青铜的蓝绿色变成了暗红色。这个小男孩一副生气的模样，眼睛紧闭，嘴则张得大大的，两个小拳头紧紧握着，一只脚踩着地，另一只脚则抬起来做出正在跺下去的姿势。

米娜凝神看了好一会儿，转过头来对路易斯大叔说："路易斯大叔，周围这么安静，可是我好像听见了他的哭闹声呢。"

路易斯大叔点点头："这就是维格兰能被称为艺术大师的地方。"

米娜对于这个回答有些疑惑："哦？怎么说呢？"

路易斯大叔解释说："你知道全世界各个国家和地区使用的语言和文字都不一样吧？但为什么像交通标志那些通行的图案却人人都看得懂呢？其实这也说明，抛去文字和语言之外的文化传播，才是能让全人类都明白和接受的方式，就像文艺复兴时期米开朗基罗的雕塑、达·芬奇的绘画以及上个世纪卓别林的无声电影等等，都是通过文字之外的方式表达自己的思想，并让他人也能够感受到，这才是艺术应该达到的境界呢。"

米娜这回明白了："原来是这样啊，难怪我看到这个小男孩的样子，就感觉仿佛真的听到了他一边跺脚一边在大声哭闹呢。"

多多在桥上转了一圈之后气喘吁吁地跑过来："路易斯大叔，我发现这里的雕像都没有穿衣服。"

路易斯大叔点点头："这也是雕塑公园的特点之一，而且更是作者表达自己对人生的理解，并且传达这种理解的表现形式之一。"

两个孩子都扬起头，等着听路易斯大叔继续讲下去。

"平时我们看到的人当然不会是这样的，服装和饰品往往是显示人们身份、特质的标志，在这里，则看不出每个人所处的阶层、财富的多少和身份的贵贱。在每个人生下来和死去的时候，其实也都是这样的形态，在那种情况下，其他的一切都不再

重要，只有生命才是切切实实存在的，这有点类似东方文明里对于生死的看法。"

　　路易斯大叔可能也察觉到自己解释得有些晦涩，在说完这些话之后，又对一头雾水的多多和米娜补充上一句："等你们再长大点，就能理解里面的意思啦。"

　　看着两个孩子还是若有所思的表情，路易斯大叔赶忙转移了话题："你们知道这座桥上一共有多少个雕塑吗?"

　　"58个!"多多应声答道。

　　别说米娜，连路易斯大叔都

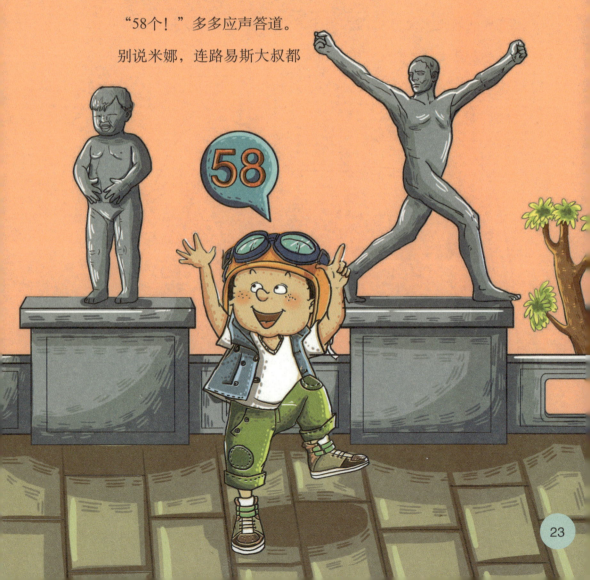

有点吃惊。"我刚刚数过的。"多多脸上现出了小小的得意。

桥的那边，就是公园里被称作"生命之泉"的部分。这个雕塑群的中心，是一个大大的圆形水池，也就是最早设计，从而引申出这个举世闻名的公园的那个喷泉。

喷水池的中央是六个高大男子的雕像，正奋力举起一个硕大的水盆，清澈的泉水就是从盆里喷涌而出向四方洒落的。圆形水池的四周，围绕着一圈方形的护栏，这里自然也少不了雕塑，每一个雕塑的

主题都是一棵树，旁边是不同年龄、不同性别的人或站或坐。

"这象征着生命之树吗？"米娜问。

路易斯大叔回答："人们都样认为，作者想要表达的应该也是这个意思，生命的过程，其实就像一棵大树吧。"

"路易斯大叔，米娜，你们看！喷泉的底座上也全都是雕塑呢！"多多的声音响起来。

米娜回过身，和路易斯大叔一起又来到喷泉边。

"多多，你现在细心多了啊。"得到路易斯大叔的夸奖，多多居然有点不好意思。

"这60个浮雕也是生命之泉的重要组成部分呢，你们看，它们像不像一个人生命历程的小电影呢？"路易斯大叔指点着孩子们欣赏和体味这些对他们来说还有些陌生的主题。

多多真的变得细心多了，连生命之泉这里的迷宫图案也没有逃过他的眼睛。路易斯大叔告诉多多，喷水池边这些黑白花岗岩相间的图案真的是一个有趣的迷宫，总长度居然有3千米，据说要想顺利地走一遍迷宫，需要花上一个小时的时间，转上500个弯才行。维格兰设计这个迷宫，也包含了生命过程中的种种选择与复杂多变的寓意。

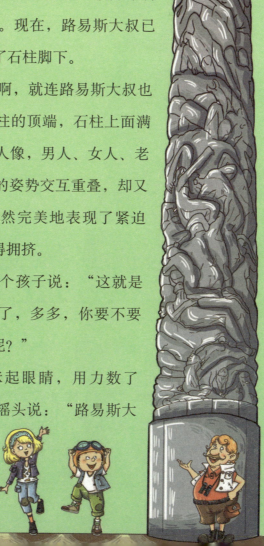

第 4 章
生命之柱与生命之轮

　　喷泉后面的小山丘上矗立的，就是米娜远远望见的那根石柱。现在，路易斯大叔已经带着两个孩子来到了石柱脚下。

　　这根石柱可真高啊，就连路易斯大叔也得仰着头才能看到石柱的顶端，石柱上面满是不规则分布的浮雕人像，男人、女人、老者、少年以各种不同的姿势交互重叠，却又连接得恰到好处，虽然完美地表现了紧迫感，却一点儿也不显得拥挤。

　　路易斯大叔对两个孩子说："这就是著名的'生命之柱'了，多多，你要不要数数上面有多少个人呢？"

　　多多仰着头，眯起眼睛，用力数了好半天，最后还是摇摇头说："路易斯大

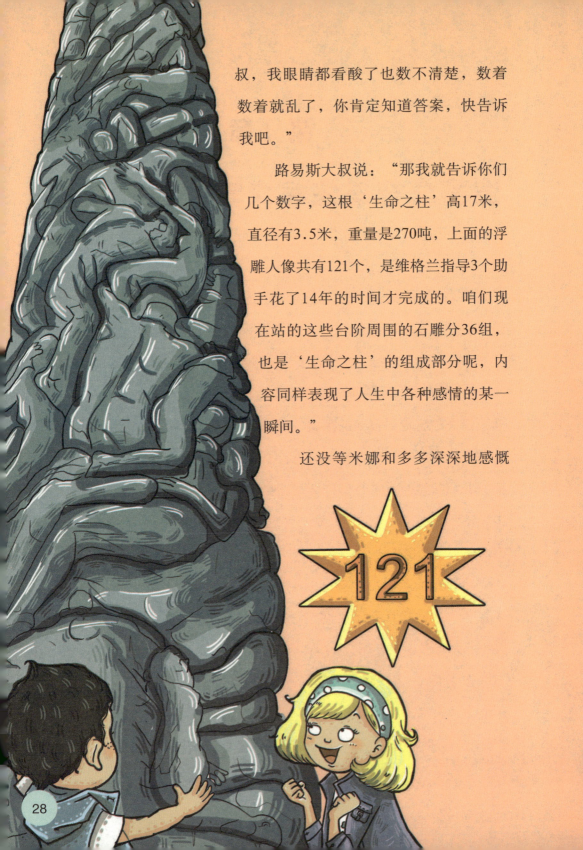

叔，我眼睛都看酸了也数不清楚，数着数着就乱了，你肯定知道答案，快告诉我吧。"

路易斯大叔说："那我就告诉你们几个数字，这根'生命之柱'高17米，直径有3.5米，重量是270吨，上面的浮雕人像共有121个，是维格兰指导3个助手花了14年的时间才完成的。咱们现在站的这些台阶周围的石雕分36组，也是'生命之柱'的组成部分呢，内容同样表现了人生中各种感情的某一瞬间。"

还没等米娜和多多深深地感慨

121

一番，路易斯大叔就指着不远处一个安放在底座上的环形雕塑，对他们说："看，那就是公园的最后一个主题'生命之轮'。"

两个孩子赶紧跑过去看，同样是头脚相接、姿势不同的人像交叠成一个空心的立体环形。

"路易斯大叔，这个主题的意义应该是生命循环的生生不息吧？"米娜问。

路易斯大叔很高兴地回答："对啊，就是这个意思，米娜，你真聪明。"

"因为《狮子王》那个动画片里的主题歌，就叫《Circle of life》，所以我想维格兰也是用'Circle'——圆，来表示循环的。"米娜补充说。

路易斯大叔笑得更开心了："你推断得没错，只是维格兰那个时代，还没有动画片呢，他可不是从《狮子王》里得到的灵感哦！"话音一落，三个人同时哈哈大笑起来。

Circle of life

多多突然想起了什么，问道："路易斯大叔，那根生命之柱就耗费了14年时间，那公园里这么多雕塑，得需要多久才能完成啊？"

路易斯大叔脸上的表情突然变得凝重起来："维格兰从提议到最后完工，前后差不多用了将近40年，这段时间里爆发了两次世界大战。在第二次世界大战的时候，挪威被德国占领，维格兰仍然每天都照常来这里继续他的工作，而德国人也没有阻止他或破坏他的作品，所以维格兰从容地完成了我们现在看到的这些美丽的雕塑。这是属于全人类的

艺术财富啊！"

　　多多有些疑惑，他把脑子里的关于第二次世界大战的一点儿知识和刚才路易斯大叔的话整理了一下，然后问道："第二次世界大战，德国、意大利、日本不是到处侵略吗？德国侵略者怎么没有毁坏维格兰的作品呢？"

　　路易斯大叔笑着回答："可能德国对侵略过的国家的艺术品还是很在意的，就像占领了法国之后，也没有毁坏那些珍贵的建筑和雕塑，所以现在我们才能继续领略到几百年前留下的这些艺术精品。"

　　"这些雕塑可真漂亮，而且背后还蕴含着那么多深奥的意义，等会儿咱们买一个微缩模型纪念品带回去吧，就像咱们去法国的时候买的小埃菲

尔铁塔一样，我要把它放在我的书桌上，好不好啊，路易斯大叔？"

米娜也赞成地说："我就要那个生气的小男孩。"

路易斯大叔耸耸肩："孩子们，你们的这个愿望恐怕无法实现了。当初维格兰向奥斯陆市政府申请这块地方进行创作，他的承诺就是会把自己毕生的作品都献给他的祖国，而他的要求，则是公园建成之后，要免费向公众开放，但里面的所有作品，都不能复制成小纪念品用来出售牟利。"

看着有点失望的米娜，路易斯大叔继续说，"所以每个来这里参观过的游客，都只能把这里的壮观和美丽放在照相机里或者记在脑海里带走，你也可以这样啊。"

米娜听了，点点头："嗯！那我也把它们放在相机里装回去。"

说着，举起相机继续去拍自己喜

欢的作品了。

旁边的多多听了刚才路易斯大叔讲的这段话，仿佛意犹

未尽，继续问道："路易斯大叔，最后维格兰真的把他的所有作品都

捐给奥斯陆市政府了吗？"

"当然啊，多多，为此，市政府还专门把公园附近当年为维格

兰建造的工作室改成了博物馆呢，里面有维格兰的千余件雕塑作品，

四千多件木刻作品，以及一万多张素描习作呢！"路易斯大叔回答。

看到多多因为吃惊而张大的嘴巴，路易斯大叔补充道，"就像你刚才发现的那个迷宫图案是维格兰特地设计的一样，整个公园的景观安排、绿化设置都是维格兰为了体现'生命'这个主题而深思熟虑布局的呢。"

多多笑着说："路易斯大叔，这个公园是咱们来到挪威之后的第一个震撼之处，想成为一个实现自己存在价值的人，需要不断地求知与努力，看来，以后我再也不能偷懒了。"路易斯大叔听了，笑着点了点头。

第 5 章

博物馆中的海盗船

"路易斯大叔，明天，咱们可以去看海盗了吧？"多多一边咬着手里的大热狗，一边问。

"你还在惦记海盗啊？没准他们今天晚上又来找你，你可不许哇哇大哭哦。"路易斯大叔还没答话，米娜先接过话说。

路易斯大叔拿过地图看了看，说："别担心多多，你的海盗在整个挪威之旅中会一直伴着你的，除了自然景观，凡是跟人文历史挂钩的，肯定都离不开海盗，而且地理地貌这些，也是海盗产生的渊源呢。这样吧，明天咱们先去市区里的海盗船博物馆看看，怎么样？"

"好！"不用说，先回答的、声音大的，肯定是多多了。

海盗船博物馆在奥斯陆的西南边，在路易斯大叔的带领下，三个人很顺利地就找到了在一片树林中掩映着的这座咖啡色建筑。

路易斯大叔对两个孩子说："这个博物馆是20世

纪初由阿恩斯坦·阿纳博格设计的，从外面看这里虽然不起眼，但是里面可是保存着世界上最完好的北欧海盗船呢。"

话音未落，多多已经三步并作两步，冲进了博物馆的大门，随即听见他"哇"的一声赞叹。

米娜和路易斯大叔也随着走了进去，虽然路易斯大叔走过很多地方，但还是被里面的展品震惊了：放置在基座上的一艘巨大黑色木船迎面出现在眼前，游客在它面前一下子显得很小，仰着头才能看到船头上那狰狞的雕刻龙头，想看到内部的结构得到楼上的回廊才行。

多多好半天才合上张大的嘴巴，回身问路易斯大叔："这……这就是海盗船？那……海盗呢？"问完这句话，多多自己也意识到怎么会问出这么无知的问题，毕竟北欧海盗已经是1000多年前存在的人物，要是还能活到现在，不就真成了老妖精了。

路易斯大叔笑着拍拍多多的肩膀："来，咱们先好好看看，随后我再给你细细讲海盗的故事。"

三个人来到回廊上，路易斯大叔指着其中一艘大船，开始对两个孩子娓娓道来，随着路易斯大叔绘声绘色的讲述，两个孩子的眼前像放电影一样出现了这样的场景：

公元834年的夏天，似乎比往年还要更热一些，在奥斯陆峡湾附

近，很多树木被工匠砍倒，被切割制作成修建墓穴所需的材料，这些都是为西福尔王国的一位重要人物的葬礼准备的，这个人就是在北欧历史上颇有名气的阿萨王后。

她曾经是阿格迪尔王国的公主，在她的爸爸和哥哥被古德罗德王杀死，自己也被俘获，被迫成为古德罗德王的妻子之后，她隐忍了一段日子，终于找了个机会与仆人密谋用长矛刺死了自己的丈夫。

这样的举动不但没有给自己带来杀身之祸，相反她优雅的气质和治国的本领博得了国民的尊敬和爱戴。

阿萨王后去世以后，人们满怀悲伤为她建造了一个巨大华丽的龙头船作为棺木，这个船棺从船头到船尾有将近22米，有30个桨橹作为动力装置，它被安置在一个与它大小匹配的深沟之中。

阿萨王后的遗体被放置在桅杆下面那个用原木搭建的三角木屋中一张精美的床上，木屋的四壁上装饰着绚丽的挂毯，上面的图案讲述了阿萨王后生前的经历，曾经服侍过王后的女仆也自愿追随王后，为她殉葬。

至于随葬的物品，则更是丰富而精美。除了适合夏天使用、雕刻精致的四轮马车，人们还为王后准备了几副冬天出行乘坐的雪橇，雪橇不但四周雕满了精美的花纹，四个角上还分别雕刻着人的头像。另外，帐篷、木床、木桶、木头椅子、皮鞋，甚至连织布机都放了进来。在隆重的葬礼结束时，很多匹马被赶进深沟并被杀死作为陪葬品，这一切完成之后，送葬的人砍断桅杆，使船棺不会因为桅杆的缘故在土里突起一块，再用混合着石块和草皮的泥土厚厚地覆盖起来。

以后的1000多年里，阿萨王后就这样静静地安眠在地下。直到20世纪初的一天，有位农民在自己家的地里发现了这座古代的船冢，阿萨王后在地下的安息地成了世界考古历史上的一个重大发现。

加勒比海盗

　　加勒比海位于南美洲北部，由墨西哥湾向东南穿越尤卡坦海峡，周围有古巴、多米尼加、委内瑞拉、哥伦比亚、巴拿马、哥斯达黎加、尼加拉瓜、洪都拉斯等国家，尤卡坦海峡是加勒比海与墨西哥湾的分界线。加勒比海是以印第安人部族命名的，原意是"勇敢者"，其东西长约2735千米，南北宽在805~1287千米之间，是世界上最大的内海。

　　海盗，是指在海洋上抢掠过往船只的强盗。有一种说法是自从海上有了船，也就有了海盗的踪迹，这么说也许有些夸张的成分，但是至少能看出海盗的历史已经很久远了。西方的海盗曾经在战争期间帮助过政府的海军与敌军对抗，但在战争结束之后，仍然保持这种抢劫和掠夺的作风，后来成为政府追捕通缉的对象。海盗们常常以活动的区域被命名，活跃在加勒比海域的海盗，就被称为加勒比海盗。

第6章

阿萨王后和哈拉尔德国王

好一会儿，米娜和多多才从阿萨王后的故事里回到1000多年之后的现实中来。从米娜的眼里，路易斯大叔读出了崇敬与羡慕，于是笑

着问："米娜？如果你生活在那个时代，会不会也想当一个这样的王后呢？"

米娜不好意思地说："路易斯大叔，你又取笑我了。但是，要是这能回到那个年代，跟随这样的王后，应该也会学到不少东西才对。"

多多在旁边问："路易斯大叔，这么说，阿萨王后并不是海盗啊？为什么还要把她放在海盗船博物馆里呢？"

路易斯大叔回答说："她虽然不是海盗，但是跟海盗倒是有很大的关联，我再讲一段故事，你们想听吗？"

"当然想啊！"

"快点讲吧，路易斯大叔！"

路易斯大叔讲的故事，再次把孩子们带到那个遥远的年代：

"多多，米娜，你们知道吗？那个年代，'国王'可没有现在电影里演的那么有气势有排场，那时候只要拥有一块土地，能吸引一群愿意追随他的人，就可以把自己命名为国王。但是这个国王可不是童话故事里那种天天坐在椅子上发号施令异想天开的人，相反，一旦需要冲锋陷阵攻城略地的时候，国王要身先士卒，冲锋在前，因为他们相信，国王是荣誉和勇气的象征，贪生怕死的人即使短期内当了国王，过不了多久，也会因为大家的耻笑，灰溜溜地下台的。那时候，西海岸有一个叫霍兰达的王国，国王埃里克有一个美丽聪慧的女儿叫琚达，哈拉尔德请求埃里克把女儿嫁给自

己——"

　　"琚达一定很高兴地答应了吧？就像童话故事里的王子公主那样？"米娜忍不住插嘴问道。

　　"没有，琚达没有答应，她请使者转告哈拉尔德，自己是不会嫁给一个只有巴掌大国土的国王的。使者听了，脸上露出为难的神情，要是照原话回复，国王肯定会大发雷霆，自己的性命怕都保不住。"路易斯大叔回答。

　　多多也插嘴说："我知道了，使者要么是回去之后瞎编了一个理由，要么就是吓得没敢回去，对吧？"

　　路易斯大叔摇摇头："都不对，你听我继续讲，琚达对这个向自己求婚的家伙表现出的勇气很欣赏，在拒绝之

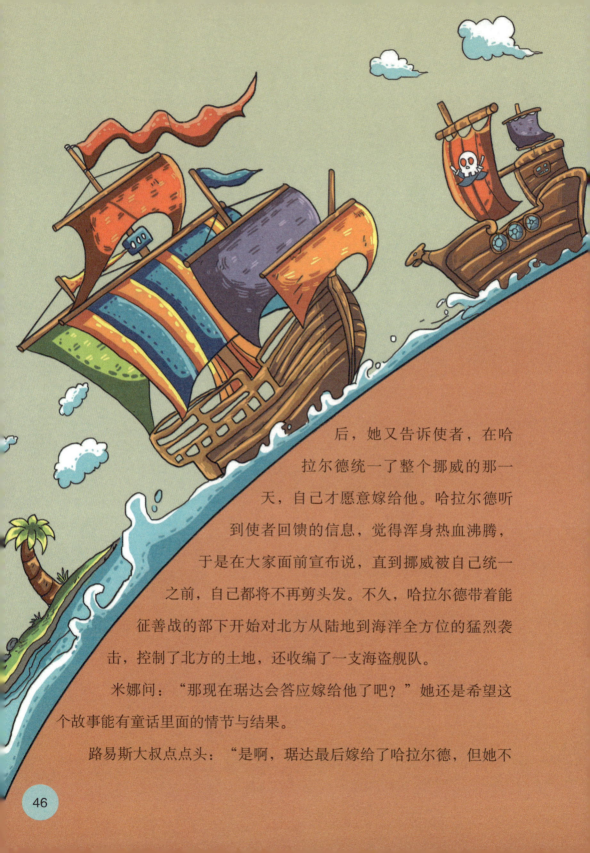

后，她又告诉使者，在哈拉尔德统一了整个挪威的那一天，自己才愿意嫁给他。哈拉尔德听到使者回馈的信息，觉得浑身热血沸腾，于是在大家面前宣布说，直到挪威被自己统一之前，自己都将不再剪头发。不久，哈拉尔德带着能征善战的部下开始对北方从陆地到海洋全方位的猛烈袭击，控制了北方的土地，还收编了一支海盗舰队。

米娜问："那现在琚达会答应嫁给他了吧？"她还是希望这个故事能有童话里面的情节与结果。

路易斯大叔点点头："是啊，琚达最后嫁给了哈拉尔德，但她不是情愿的。"

"哦？难道琚达反悔了吗？"米娜睁大了眼睛问。

路易斯大叔继续讲道："是因为哈拉尔德率领着雕刻着兽头，船上满是壮硕勇猛海盗的船队开始向西进攻霍兰达王国了。国王埃里克虽然借助西海岸那些天然峡湾的掩护抵抗了一阵子，但最终没有阻挡住哈拉尔德和他强悍士兵的攻击，最后战死在斯塔万格附近，琚达成了战俘，所以才不得不嫁给了哈拉尔德，但这时候的哈拉尔德已经在这十年间历次的征战中娶了其他八个妻子，而且琚达还是在父亲离去、国家灭亡的情况下不得不出嫁的，因此琚达的心里已经没有了新婚的幸福和喜悦了。哈拉尔德也是说话算话的人，这些年里真就没有剪过头发和胡子，他的同伴在征战的间隙里一直在替他把一头金色的头发梳好。"

"哈拉尔德被称为'金发王'就是根据这个来的吧？"多多问。

"对啊，这就是他绰号的由来。"路易斯大叔笑着回答。

多多赶忙接着说："那我就能对上号儿了，金发王哈拉尔德的爸爸也是一个孔武有力

的武士国王，名字叫奥拉夫。在哈拉尔德3岁的时候，奥拉夫曾经把哈

拉尔德和另外两个同父异母的弟弟一起放在膝盖上逗着玩儿，奥拉夫想试试他们的胆量，就一直向他们做鬼脸儿，结果只有哈拉尔德一点儿也不害怕，反而用眼睛使劲瞪着爸爸，还用力拉扯他的胡子。奥拉夫不但不生气，反而很高兴地跟周围的人说，哈拉尔德以后一定也会成为一名勇士的。在哈拉尔德10岁的时候，奥拉夫意外落水身亡，哈拉尔德继承了王位，后来就像路易斯大叔刚才讲的那样，成了一个挪威历史上有名的国王。"

路易斯大叔连连点头："你讲得真不错。其实，哈拉尔德带着军

队打仗的时候也不光是只会靠

蛮力，有时候他也会用点计谋什么的，就像他在攻打西西里的那次战役中，简直就是希腊神话里特洛伊战争的翻版。因为岛上的一座城堡过于坚固，哈拉尔德一直攻打不下来，他就装出身患重病的样子，让城里派出来的间谍带回这个假消息。过了几天，他又派部下进城，告诉城中的居民，说自己已经病死了，需要在城里安葬。城里的人相信了这件事，并且希望能通过准许哈拉尔德安葬在城里来得到大量的钱物，于是城里的牧师们穿着长袍，手持圣物，打开城门迎接哈拉尔德的灵柩。没想到，护卫灵柩的士兵就把灵柩横在了城门当中，随后哈拉尔德则带着部下吹响了进攻的号角，从后面冲出来，城里的居民这才意识到自己上了哈拉尔德的当，但后悔已经来不及了，城里很快被哈拉尔德的军队洗劫一空。"

听到这里，米娜禁不住插话说："他可真坏，用这样的诡计欺骗别人。"

路易斯大叔说："是啊，因为他的名声太大了，以至于很多人都在效仿他，也同样去制造坚固的大船，不停地拓展自己的地盘。哈拉尔德最大的成绩和在历史上闻名的原因，就是统一了挪威。"

米娜问："那后来呢？这个哈拉尔德怎么样了？"

路易斯大叔说："他那么喜欢打仗，真的就死在了战场上。因为他对隔海相望的英格兰土地虎视眈眈，就借着英格兰处于王位之争的混乱时刻出兵进攻，但他最终没有

看到自己的胜利，反而让那个被称为'征服者威廉'的人得到了最大的益处。"

威廉

"'征服者威廉'？这个名字很熟悉啊。"多多说。

"等什么时候去英国，我再给你们详细地讲这个威廉的故事。"路易斯大叔补充道，"哈拉尔德的死也标志着维京海盗时代的结束，欧洲人再也不用因为看到维京人的海盗船而感到恐惧了，当然，这其中经历了好一段时间呢，里面包含的故事也很多。"

米娜歪着头想了想，问："那路易斯大叔，这个故事跟刚才你讲的阿萨王后，没什么联系啊？"

路易斯大叔笑着说："是呀，看起来确实没什么关联，现在我就告诉你们他们的关系吧。这个阿萨王后，就是金发王哈拉尔德的祖母啊。"

"啊？"两个孩子着实吃了一惊，他们怎么也没有想到答案会是这样。

第7章

奇特的汉堡

从海盗船博物馆出来，多多听见自己的肚子咕咕叫，于是看了看米娜，猜想米娜会不会也觉得饿。

路易斯大叔一下子就看出了多多的心思，笑着问："多多，米娜，差不多该吃饭了，你们想吃点什么呢？"

多多迫不及待地回答："什么都行啊，路易斯大叔，只要快点吃进肚子就行。我都快饿死啦！"一句话引得路易斯大叔和米娜哈哈大笑。

路易斯大叔转头看了看四周，说："要说快，肯定是快餐最快，马路对面就有一家汉堡店，据说里面的汉堡和三明治味道都不错。米娜，咱们去试试，怎么样？"

米娜点点头："我吃什么都行，主要是想坐下来继续听你讲海盗呢。"

多多像突然发现了外星人一样，指着路易斯大叔准备带他们去的那家快餐店喊道："咦？你看他们的吉祥物真奇怪，跟麦当劳、肯德基的都不一样，是个大头娃娃！"

一转眼的工夫，三个人已经来到了快餐店门前，门口站着的玩偶小人差不多跟多多一般高，模样果然很奇特：棕灰色的头发乱蓬蓬地盖在头顶，两个圆溜溜、黑漆漆的大眼珠紧盯着他们，咧着大嘴露出傻乎乎的笑容，可惜门牙有点歪。最有趣的要数他的鼻子了，又大又长又有点翘，鼻头还是红红的，整个头差不多占了身体的三分之一。它穿着一件脏兮兮的绿色背带工装裤，衬得本来就很圆

挪威汉堡

的肚子更显得下坠，手里拖着一个大汉堡的模型。

米娜左右看了看，说："这个似乎不是快餐店的吉祥物，你看那边的服装店门口也站着一个，但手里拿的不是汉堡，头发的颜色也不一样。还有那边，好像是个工艺品商店，门口站着的是戴着金色牛角头盔，手里握着斧子，打扮成海盗模样的大头娃娃。这可能是城市的吉祥物吧。"说完，米娜仰起头看着路易斯大叔，希望能从他那里得到权威的解释。

路易斯大叔搂着两个孩子的肩膀："来，咱们先进去吃饭，一边把肚子填饱，一边听大头娃娃的来历。"

这里的汉堡和三明治果然名不虚传，尤其是汉堡，彻底打破了多多脑子里既定的汉堡形象。他平时吃到的、见到的都是两片烘得软软的圆面包中

普通汉堡

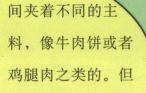

间夹着不同的主
料，像牛肉饼或者
鸡腿肉之类的。但
这里的汉堡少了上面的圆面包当盖子，下面的圆
面包与其说是面包，不如说更像
一个盘子，面包盘子上堆着厚
厚的一摞鱼肉、虾仁和青菜。
本来多多计划至少吃三个汉堡的，
现在看来，能吃掉一个就足以让自己的肚子滚
圆了。

多多边大口吃着边问道："路易斯大叔，这里的鱼肉为什么这么
好吃，而且份量这么大啊？"

为了回答多多的问题，路易斯大叔只好暂停了对手里那
个大汉堡的"进攻"，米娜却抢着替路易斯大叔回答了：

"这当然是因为挪威狭长的海岸线带来极多海产品的缘故，而且这里的环境一直保持得很好，所以鱼类也没有被污染，味道自然很鲜美啊，对吧，路易斯大叔？"

路易斯大叔本来看米娜替他回答了问题，可以继续享受美味，没想到米娜把话题又传了回来，自己的嘴里正塞得满满的，只好鼓着腮帮子连连点头："唔，唔……"窘态逗得两个孩子哈哈大笑。

等路易斯大叔咽下嘴里的食物，米娜凑过来看着他说："现在可以讲门口那个大头娃娃的故事了吧？"

路易斯大叔拍了拍米娜的头："你这着急的小家伙，好吧，你们继续享受汉堡的美味，我来给你们讲故事。"

大头娃娃到底有什么神奇的故事呢？

汉堡包

汉堡包为英语Hamburger的中文译名，或直接称为汉堡，被称为西方五大快餐之一。最早出现的汉堡包并不是像现在我们所看到的那样，而是由剁碎了的牛肉末与面和在一起做成的肉饼，因此可以说，汉堡包的雏形其实是一种牛肉饼。后来，这种食物传入了巴尔干半岛，辗转又进入德意志。在德国西北部，这种食物得以改良和发扬光大，里面的牛肉虽然同样是被剁碎并掺在面粉中摊成饼，但牛肉需要先加工成熟食。这种食物随着德国移民传到美洲，并出现在美国人的菜单上，做法又发生了改变，改用碎牛肉和洋葱、胡椒粉拌在一起。后来又经过一些改良，才有今天我们在快餐店吃到的美味汉堡的样子。

第8章

吉祥物"山妖"

　　米娜吐了吐舌头，路易斯大叔清清嗓子，开始讲道："你们看见的那个大头娃娃啊，不是快餐店的吉祥物，也不是城市的吉祥物，但是它的意义比吉祥物大得多呢。它的名字呀，叫作山妖。在挪威的神话传说里，山妖才是这里的原住民，早在还是终年积雪，只有狂风巨浪的怒号，还没有人类足迹的时代，山妖就已经在这里世代生活了。它们拥有超自然的力量和不被外人知道的魔法，而且自己还有一套完整的社会体系，每个山妖都有自己的家庭，数量不等的家庭又组成不同的部落，部落里又有自己的王。它们外貌的共同特征，是身材矮小、头发蓬乱、尖耳朵、大肚皮、牙齿参差不齐，脸上总是一副笑嘻

嘻的表情。它们的手指和脚趾都是四个，后面还有一条牛一样的尾巴。虽然它们的样子不好看，但是内心却很善良。它们喜欢无拘无束的生活。"

听到这里，多多笑着说："他们好像动画片里的蓝精灵啊。"

路易斯大叔也笑了："它们可比蓝精灵的岁数大得多了，也许蓝精灵的作者还是从山妖的故事里得到的灵感呢。"

米娜托着下巴，脸上有些迷茫："路易斯大叔，这里真的有山妖吗？"

路易斯大叔想了想，说："至少在挪威人的心目中，山妖是存在的，而且他们专门把传说中山妖的发源地开

辟成一个自然公园，这可不是为了发展旅游强行拼凑的景点，而是他们真的觉得山妖是与自己同时生活着的小精灵，只是人类在白天活动过于频繁，夜晚才是属于山妖的时间。"

"既然这样，人们怎么才能找到山妖呢？是不是得在夜晚的时候去这些特殊的地方才行？路易斯大叔，要不一会儿天黑了你带我们去找山妖吧？"填饱了肚子，多多的冒险细胞开始发挥作用了。

路易斯大叔看着多多，扬了扬眉毛，说："山妖的脾气有些奇怪，大多数时候，它们跟人类是会和睦相处的，只有在感受到人类的不友好，感觉自己的生活状态受到威胁的时候才会发脾气。它们发脾气的时候可是很吓人的，会使用魔法，让人类和家里的动物一起生病难受。直到现在，圣诞节的夜晚，很多人都会依照风俗把一大碗好吃的粥放在家门口，留给山妖来吃。曾经有些人特地去山里找山妖，结果都是去了就再也没有回来。其实山妖是无处不在的，像山林里、湖泊中，像马棚里、仓库里、橱柜里等等。可以说，山妖是挪威人的吉祥物，它的形象不光是你们看到的这些，还有很多样式。在很多场合，像森林里、公园里等，都摆着山妖的塑像。而且挪威的海上天然气平台和在南极建立的科学考察站都是以'山妖'来命名的。可见它在挪威人心目中占有多么重要的地位啦。"

第9章

神话中的国度

从快餐店里出来，米娜提议："路易斯大叔，天气这么好，刚才也休息了半天，不如咱们继续走走，然后你再给我们讲讲关于山妖的故事吧。山妖在北欧神话中应该属于哪一类呢？"

路易斯大叔想了想，说："关于山妖，我了解的也就这么多，但是你们要真的感兴趣，回去以后不妨多查查书，翻翻资料，看看东西方神话传说，它们其实有很

多共通之处，这也很有意思。至于北欧神话，那就复杂多了，你们要是不觉得累的话，咱们就边走边讲。"

"不累不累。"两个孩子异口同声地回答。只要有故事听，走多远他们也不会觉得累的。

路易斯大叔一边带着两个孩子散步，一边讲解着："北欧神话是一个多神的系统，这一点与希腊神话很相近，就像大多数人知道希腊神话里的主神是宙斯一样，大多数人也只知道北欧神话的主神是……"

"是奥丁！"多多急忙把自己知道的这个名字推出来。

"对，是奥丁，但是就像宙斯有族谱，有爸爸妈妈一样，奥丁也是一样。"路易斯大叔说。

"啊？这我就不知道了。"多多挠挠脑袋。

路易斯大叔笑着说："别说你啊，很多大人都不知道呢，因为毕竟北欧这里无论在

65

地理上还是在文化上，都与东西方主流文化有些隔绝而自成为一个体系，即使这样，北欧神话还是潜移默化地影响到了我们现在的生活。"

"对啊，就像我做梦都能梦得到北欧海盗。"多多深有同感。

路易斯大叔低头看了看多多："你这个呀，属于特例，哈哈。我说的是现在西方沿用的星期的由来，比如星期日是'Sunday'，而太阳是'Sun'，来源于古日耳曼民族。星期一是'Monday'，表述的是月亮Moon，这天是日耳曼民族的分支之一——盎格鲁-撒克逊人的月亮日。星期二，英文是'Tuesday'，这是以北欧神话里的战神提尔的名字改编来的。星期三'Wednesday'是沿

66

Wednesday

用了古英语里对奥丁的称呼，这一天也

是祭祀奥丁神的日子。 星期四的'Thursday'则

Thursday

来自奥丁的长子雷神托尔，因为这一天是古日耳曼

人举行会议的日子，大家必须准时参加，这一天的

会议往往很重要，所以托尔也被当作会议的

守护神。星期五'Friday'，有的说是

来自于掌管爱情和生育的弗蕾亚，有

的说是根据奥丁的妻子爱神弗丽嘉，

也许是因为这两个女性执掌的范围都

属于婚姻与家庭范畴，因此很多资料把

她俩写成一个人，但不管怎么说，都没有逃出

北欧神话的范围。"

Firday

米娜伸出手指头数了数："还有一

个星期六呢，路易斯大叔？"

"星期六的'Saturday'是取自罗马神话中的

农神Saturn，这是一周七天的名称里唯一和北欧神

话无关的啦。"路易斯大叔回答。

多多听到这里，突然问："今天是星期几了？"

路易斯大叔看看腕上的手表："是星期四，怎么，有什么事情？"

"那今天应该是古日耳曼人举行会议的日子呀！"多多回答。

路易斯大叔笑着说："没错。你变聪明了许多啊！"

一行人在欢声笑语中向远处走去。

Saturday

第 10 章

原来这才是瓦尔基里

"路易斯大叔，那瓦尔基里是怎么回事？"
多多突然问道。

"瓦尔基里？"米娜重复了一遍这个很
陌生的词。

"你是怎么知道这个的呢？"这次连
路易斯大叔都有点吃惊了。

"我是从电影里了解到的。"

看到米娜和路易斯大叔都被自己提出的这个词镇住了，多多不免有些得意，"是汤姆·克鲁斯主演的电影《刺杀希特勒》，电影里行动代号就叫'瓦尔基里'，他在里面扮演一个很帅很帅的德国上校，叫……哦，施瓦辛格什么来的。"

"哈哈，你骗人的吧，编着编着就露馅儿了，你以为我不知道施瓦辛格是谁啊？"米娜在一边挑出了多多话里的漏洞。

"是施陶芬贝格，这件事情发生在二战后期，他曾经是一名忠诚的纳粹党人，但是在德国节节败退，更多的人民受到战

70

火摧残之后，施陶芬贝格上校认识到忠于自己的国家与民族和不加分辨盲目听从一个人的命令是不一样的。他没有能力结束战争，但他知道刺杀希特勒，是唯一有可能解救更多的生命，把自己的祖国从战争的深渊里拯救出来的方法，所以他参与了一次由军队高层和政府要员设计的刺杀希特勒的行动。行动的方式，就是刺杀希特勒之后，立即实施瓦尔基里计划，用党卫军控制政府的各个部门，达到政变的目的。这件事情发生在1944年的7月20日，可惜行动最后失败了，施陶芬贝格上校在当天晚上就被下令杀害，但不到一年，希特勒也在难以挽回的败局里开枪自杀。"路易斯大叔简要地介绍了这位让多多记不清楚名字的上校的事迹。

"二战的事情我可是完全陌生的，我只知道阿姆斯特朗登月是在1969年的7月20日，好像7月20日总会发生些大事情。"米娜在一边说。

　　"那瓦尔基里到底是什么意思啊？"多多还是很惦记最初提出的那个问题。

　　"看来，我得把北欧神话的下半部分也讲出来才行，那好，你们认真听好了。"路易斯大叔继续说着，"在北欧神话里，世界由三个部分组成，中心则由一个巨大的树木支撑着，最上层当然是神族居住的地方，叫'阿斯嘉特'，那里都是高大壮丽的城堡，其中最雄伟的是奥丁居住的金宫，其中最华丽的地方是'瓦尔哈拉'，意思是英灵殿，它的屋顶由长枪的枪缨遮蔽，里面的座椅都用白银包裹着，殿中央是奥丁至高无上的黄金宝座。另外，具有控制海洋、风、万物生长繁殖的能力的华纳神族，和拥有神奇魔力，会照料花草的精灵之国也都在这一层。"

　　讲到这里，路易斯大叔停顿了一下，见两个孩子听得正认真，于是继续说，"第二层是人类居住的中间世界，这里被大海所环绕，但是可以通过由冰、火、空气组成的三色虹桥，去往神族居住的地方。在这一层还有高大野蛮的巨人国度和长相丑陋的侏儒之乡。侏儒不敢照射阳光，否则就会变成石头，它们住的地方当然也在深不可及的黑暗之中，因此侏儒主要生活在中间世界的北边，其中一种就是——"

"山妖！"米娜马上接着路易斯大叔留下的话尾说。

"对，山妖是黑暗精灵的一种，它们可是个个都心灵手巧，是优秀的工匠呢。"路易斯大叔继续给孩子们讲神秘还有点恐怖的第三层，"最下面一层是冥界和雾之国，前者只有死去的人才能够到达，后者则终年黑夜且冰冷多雾；它们的边界是冥河，河上有一座水晶桥，守卫冥界大门的是一条凶恶的大狗，这倒是与希腊神话的冥界很相似呢。"

多多插嘴道："我知道希腊神话里，宙斯有无穷的法力，还娶了好几个妻子。"

路易斯大叔耸耸肩，说："同样是众神之王，奥丁可没那么好的运气，虽然他头戴金盔，肩膀上蹲着象征'思想'和'记忆'的两只神鸦，脚下还趴着两只代表'贪婪'和'欲望'的恶狼，但是他还是想要增加自己的智慧，于是奥丁穿过迷雾森林，找到了守护世界树的智者弥米尔，请求喝一口智慧井里的水，弥

米尔要奥丁以一只眼睛作为代价，奥丁不假思索，当即就挖出了一只眼睛——"

"啊……"听到这里，米娜不禁惊叫出来。

"那……后来呢？"多多也听得浑身紧张，手心里都是湿湿的。

"后来，奥丁的智慧果然增长了许多，而且他还甘愿被吊在树上九天九夜，遍体鳞伤后才得到了以世界树的枝做成的长枪，枪身上刻着'持有此矛者，将统治世界'。

所以奥丁的这个王，也是经历了很多艰难险阻才得来的
呢。而且在北欧神话里，神族最后要与巨人族进行一次最
终的对决，那时候所有的一切，包括三层世界内的生命都
将毁灭，这被称为'诸神的黄昏'。在这之前，奥丁会持
续在战场上挑选英勇战死武士的灵魂，为最后的大战积蓄
力量，而负责为奥丁执行挑选武士的任务，并且把武士的
灵魂带回英灵殿的，是一群穿着银色盔甲、手持闪亮的盾
牌、骑着快马在云端不停穿越，代表着忠诚与勇敢的女武

神们，她们就是——瓦尔基里。”

　　“啊！原来是这样啊。”多多和米娜仿佛跟着路易斯大叔进入了一个时空隧道，进行了一场漫长而又奇特的旅行。

第11章

独特的王宫与易卜生纪念馆

"路易斯大叔，为什么道路两边很少能看见高楼呢？"三个人漫步在奥斯陆的街道上，多多突然问。

"是啊，一般的楼房都只有六七层，而且街上的人也少。"米娜也产生了这样的疑问。

路易斯大叔回答说："这是因

为挪威人更乐于过一种惬意、自然的生活啊，要知道，高楼大厦不见得就是现代化与大都市的标志，高楼不也是为人类更好的生活服务的吗？如果不需要盖很多高楼就能达到幸福的生活，高楼当然就没有必要了，正因为这样，奥斯陆城市面积的75%都是森林和耕地，人均绿化面积可是欧洲各国首都的第一名——"

"路易斯大叔！"多多忽然打断了路易斯大叔的话，指着前方高地上广场边一幢主体淡黄色，左右呈严谨的对称，正中六根大柱子下面是五个拱门的建筑问道，"那是哪里啊？看起来很庄重的样子呢。"

路易斯大叔说："那就是挪威的王宫啊。"

"王宫？"两个孩子有些诧异地叫道，"跟想象中的一点儿都不一样啊。"在他们的心目中，王宫就应该像中国的紫禁城一样，重门叠户，气宇轩昂，这个看起来有些太简陋了吧。

路易斯大叔看出了两个人的心思，笑着说："这是因为奥斯陆作为挪威首都的时间并不长，所以市内很多标志性建筑都是19世纪的作品，其中就包括这座王宫。王宫最早的修建计划是国王卡尔十四世提出来的，这个国王可不简单，他本来是法国人，名叫贝尔纳多特，17岁就加入了法国军队，不久就显露出非凡的指挥才能，他在41岁时被拿破仑晋封为帝国元帅，后来又被瑞典国王卡尔十三世收为养子，成为王储。因此在卡尔十三世去世之后，贝尔纳多特继任为瑞典和挪威两国的国王。"

"现在挪威的国王真的就住在里面吗？"虽然与她想象中城堡式的王宫大不一样，米娜还是很好奇。

"是啊，他平时就会在里面办公的，但当他有事情外出，不在王宫里的时候，楼顶红底金狮的皇家旗标就会有一个三角形的缺块，表示由王储暂时代理事务。"路易斯大叔解释道。

"当国王是不是很威风啊？"多多问。

"哈哈，让别人怕的国王不会是好国王，得做到让别人发自内心的敬重，才是成功的国王。"路易斯大叔说，"曾经有一个不是国王的人，但是连国王都很敬重他，他的故居就在这附近，咱们正好去看看吧。"

"那是谁啊，这么厉害？"米娜和多多都急于知道答案。

"他是一位剧作家，名字叫亨利克·易卜生。"路易斯大叔回答。

"不知道……"两个孩子都对这个名字感到陌生。

"这位易卜生，可是欧洲戏剧史上仅次于莎士比亚和莫里哀的大师级人物，他在50年的创作生涯中一共发表了25部剧本，被誉为'欧洲近代戏剧的创始人''世界现代戏剧之父'，他的作品被大家熟知的有《玩偶之家》《人民公敌》等。当年在位的国王奥斯卡二世就非常敬重易卜生，他曾经对易卜生说'在政治上，我是国王；但在文学上，国王却是你'，因为易卜生漂泊了近三十年后

亨利克·易卜生

重新回到祖国定居，而且住的地方又与王宫毗邻，因此奥斯卡二世还送给易卜生一把王宫花园的钥匙，准许他随时到花园里散步呢。"路易斯大叔讲得饶有兴致，让两个孩子对这位异国大师有了一个大致的了解。

易卜生从前居住过的地方现在改成了他的纪念馆，里面的一切都保持着原样，一楼有一幅红色背景的易卜生标准照，白发和白胡子都显出了他特立独行的个性，圆眼镜框下犀利的眼神与紧闭的嘴唇仿佛在积蓄力量，随时都会爆发出来。这里还有很多易卜生的介绍资料，但多多听讲解员说二楼因为陈设和物品较多，才是重点保护的范围之后，就跃跃欲试地想赶紧到楼上去看看。

　　路易斯大叔三个人跟着讲解员来到了二楼。在吊灯柔和的光芒下，壁炉旁和窗边各有一张宽大的桌子，各有一把舒适的高背椅，都是原木的偏棕红色调，两个小家伙被这种安静的气氛感染了，站在那里静静地环视。

　　临窗那张书桌左边的墙壁上，挂着不少风景画和人物肖像，其中最大的一幅，怎么看也不像易卜生本人。在讲解员的解说下，路易斯大叔他们才知道，这幅肖像居然是与易卜生同时期的瑞典文豪斯特林堡，易卜生总是把他当成自己最强劲的对手，希望能以更优秀的作品打败他。听到这个小插曲，三个人都被这位大作家的天真性情逗笑了。

　　从易卜生纪念馆出来，米娜被外面的凉风吹得不由自主拢了拢衣服，然后若有所思地问路易斯大叔："不知道他的性格和创作有没有受到这里气候环境的影响。"

路易斯大叔点点头，说道："你还真说对了，也只有在有着壮丽风景和独特气候的地方才能形成那种外表严肃收敛、内心激情奔放的性格呢，可能就是因为这个原因，当时有很多人抱怨看不懂易卜生的戏剧，易卜生则对他们说，只有先了解了挪威，才能去真正地了解他。"

易卜生的《玩偶之家》

　　故事的女主人公娜拉是一位未经人事的年轻妇女，她温柔和顺，没有任何心机，但在善良的心灵深处却有一个坚强的性格。为了自己的家庭，为了丈夫和父亲，她不惜忍辱负重，但她所做的一切却让她背负了很大的压力，即使在真相大白之后，她的丈夫也不愿意给予她应有的理解。娜拉终于发现自己的丈夫其实是一个虚伪而卑劣的伪君子，于是，她不愿意再继续作为家族和家庭里一个没有任何自由的玩偶，毅然从家庭的囚笼中出走了。

　　故事的最后，也留给读者一个悬念，娜拉出走之后该何去何从？在娜拉身上，易卜生同样寄托了自己对这个问题的思考与希望。

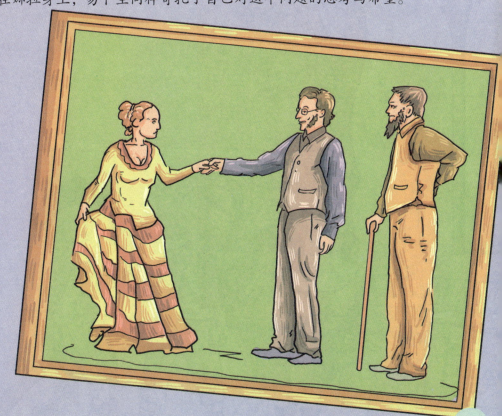

第12章

来挪威怎么能不去看峡湾?

"来挪威怎么能不去看峡湾?"

本来是旅游杂志上的话,现在被米娜时不时地拿出来念叨着。

壮丽的峡湾当然也在路易斯大叔拟定的行程之中,但是他希望孩子们对于所见识的美景都能够先有所了解。

"你们知道峡湾是怎么形成的

吗？"路易斯大叔开始考他们了。

多多挠着脑袋不好意思地说："这个我还真不知道。"

路易斯大叔又转向米娜。

这肯定是难不住米娜的，她自信地说："峡湾的成因有几种不同的说法，但目前最被认同的一种是在大约200多万年前的冰川时代，当时冰川与大陆上冰盖的厚度已经达到了2000～3000米。而距今一万年前，冰川开始融化，并慢慢地向海洋方向移动，冰川本身巨大的重力加上在移动过程中产生的推力不断地刨蚀地面和山峰。而冰川运动的不规则性让北欧陡峭的山谷和崖壁之间形成了很多'U''V'字形的山谷。最后，巨大的冰川被更大的海洋吞没，海水则顺着冰川开辟出来的路线奔

涌倒灌回来，这就形成了曲折的峡湾。"

"哇，米娜，你太厉害啦！你怎么懂得那么多啊？"多多对米娜的表现很是吃惊。

米娜笑着说："这都是书上说的。"

"看来我以后也要多看书了。那儿山顶还覆盖着积雪和冰层呢，要是咱们去峡湾的时候，冰川又开始运动了，猛地冲下来，那该多刺激啊。"多多又开始了奇妙的联想。

"哈哈，你要是希望能看到这个景象，恐怕就得失望了，除非你是冰川时代的猛犸象。"路易斯大叔笑着回答。

"现在山顶的积雪和存留的冰川基本上维持在一个平衡的状态，它们会在气候温暖的季节融化成水，从悬崖峭壁上奔

腾而下，形成瀑布；
而这些水同时又会通
过蒸腾作用重新凝结
成雪降下来。峡湾与
瀑布的组合，这种
自然景观在亚洲大陆是见不到的，世界上80%的峡湾
都在欧洲，而欧洲的峡湾又聚集在北欧，北欧的峡
湾则主要在挪威。所以，'来挪威怎么能不去看峡
湾？'。"路易斯大叔也将米娜经常说的那句宣传
语用上了。

　　紧接着，路易斯大叔又给米娜和多多介绍挪威
四大峡湾的基本情况：

　　盖朗厄尔峡湾，在卑尔根的北部，全长16千
米，两岸群山耸峙，而且山的海拔大多
在1500米以上。因此又以瀑布众
多，且沿着陡峭的岩壁一泻到底

著称。峡湾附近还有布里克斯达尔冰川，像凝固的交响乐，从山顶奔腾而下，铺满山谷。

松恩峡湾，是世界上最长、最深的峡湾，它从挪威的海岸向东延伸，全长204千米，最深处可以达到1300多米，当然也是挪威四大峡湾中最大的一个。

哈当厄尔峡湾，虽然长度有179千米，但地形与水流却是四大峡湾中最平缓的，在那里，可以尽情享受世外桃源般的田园风情。

吕瑟峡湾，其入口在挪威西海岸的斯塔万格，全长42千米，两岸也是奇峰俏立，峭壁嶙峋，其间会路过一处海拔600米的断崖布雷凯斯特伦，崖顶可以容纳上百人，传说那里是维京人祭祀的场所。

现在米娜和多多最关心的，是路易斯大叔会带着他们去看哪一个呢。

如果有可能，真应该都去看看，但是时间和费用等都是需要考虑的因素，所以，路易斯大叔他们三人一起看着地图商量了半个小时，最后决定将最著名的松恩峡湾作为这次出行的目标。

第 13 章

绿色小火车

从奥斯陆去松恩峡湾有飞机、快船、游轮、火车和快速巴士可以选择，路易斯大叔强烈推荐大家乘火车去，否则会错过终生难忘的美景，这个悬念让米娜和多多毫不犹豫地支持了路易斯大叔的建议。

坐在火车上，两个孩子越来越对自己听从了路易斯大叔的建议而感到开心。卑尔根铁路被誉为世界上最美丽的铁路，开始修建这条铁路的时候是1896年，虽然起点和终点都是海滨城市，但途中却要翻越海拔近1500米的高山，坚硬的花岗岩地貌也使施工过程困难重重，最后铁路线上开凿了总长28千米的113个隧道，其中最长的一条隧道超过5千米。1907年，主要工程完工后，又用了1年的时间修建防雪棚，以保证列车在冬天的风雪中可以正常行驶。

当火车停靠在两条隧道之间的一个小站时，路易斯大叔带着米娜和多多下了车，"下一段咱们走的叫作弗洛姆铁路，虽然它的长度只有短短20千米，却连接了海拔2米的峡湾小镇弗洛姆和海拔865米的米达尔山，它的特点可以用两个字概括——神奇。"

没多一会儿，一列火车缓缓停靠在站台上，墨绿色的车身上油漆着灰色的英文字样，意思是"20千米、20个隧道、863.5米的线路落

差”。而上车之后，车厢内暗红色的装饰、充满怀旧感的木质棚顶与扶手以及可翻转的座椅，更让两个孩子充满了新奇感。

几分钟后，火车缓缓地驶出车站，随即以螺旋形运动方式一路蜿蜒而下。“好像是过山车啊！”米娜有点紧张地说。“这本来就是过‘山’车嘛。”多多对于冒险和刺激成分大的行动总是劲头十足。

路易斯大叔笑着对米娜说：“别紧张！这段铁路早已从最初的内燃机车作牵引改为了利用峡湾的水力发电的电气化，而且为了适应这条陡峭的线路，现在使用的机车是经特殊设计和改装的，不仅功率大，而且有5套独立的制动系统，每一套都能让列车在遇到紧急情况的时候稳稳地停住，绝对安全。”

火车在防雪棚和隧道间滑进滑出，米娜

和多多的眼前也是忽明忽暗，但每进出一个隧道，眼前变黑再由黑变明，窗外的景色就换成了另外一种。

刚刚身边还是终年积雪的山峰倒映在平整如镜的高山湖面，转眼两旁就变成了如同刀削一般的峭壁；刚才走过的路已经远远地挂在头顶，变得越来越小，而前面脚下的山谷里，河流像一条细长而晶亮的缎带，铺在一片漫无边际的绿色之中，中间则时而点缀着红色、黄色和白色的木屋，仿若跳动的音符。路易斯大叔一行三人在这样的美景

里不由得屏住了呼吸，火车上其他的人也安安静静地，专心把眼前看到的一切牢牢刻在脑海当作美好的回忆。

越往前走，两边的色彩也就越丰富起来，火红的枫树、金黄的白桦、翠绿的云杉，还有草地上艳丽的农舍与悠闲的羊群。

米娜看见前面不远处险峻的峭壁上，一条宽大的瀑布奔腾而下，随着火车越行越近，瀑布的轰鸣声也变得越来越大。

"真美啊！要是能在这里停一会儿就好了。"米娜轻轻地说。

话音刚落，火车真的慢慢地停了下来。看着米娜惊奇的表情，路易斯大叔一边拿上背包，一边笑着说："小傻瓜，这里就是著名的肖斯瀑布啊，所以专门设置了停靠站，让大家能仔细欣赏一下壮丽的美景呢。"

车上的乘客纷纷来到瀑布前的平台上，米娜和多多使劲儿仰着头，看见巨大的瀑布从山巅飞泻而下，仿佛北欧神话里不愿被驯服的

怪兽，咆哮着跳下来，撞击在下面的巨石上变成无数的水花和泡沫。米娜注意到，很多山间的小溪也从峭壁上各自流淌着汇入宽大的瀑布，仿佛这片山谷就是被水笼罩着的，而这些水又是从天际飘然而下。

"这个瀑布的落差有90多米呢。"要不是路易斯大叔的声音在耳边响起，米娜真的不知道自己是在现实中，还是在梦境里。

多多则在一旁不停地按下快门，但是数码相机记录下的影像怎么也表现不出眼前景色的全貌。

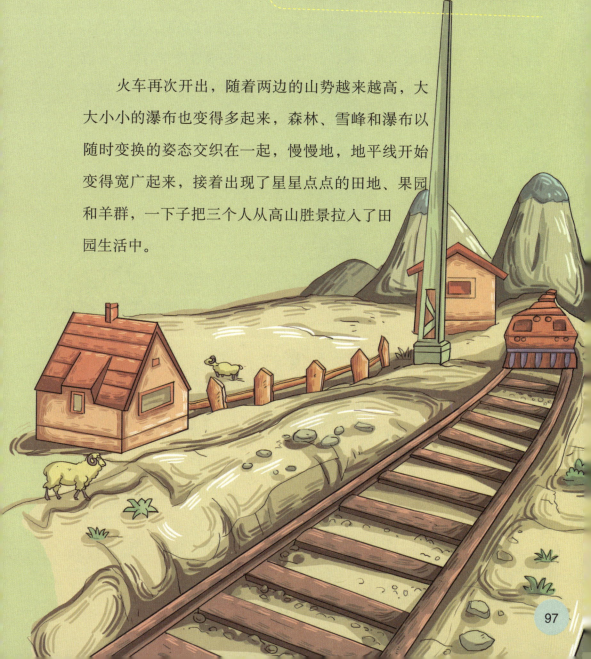

第 14 章

宛若仙境的峡湾

　　火车再次开出，随着两边的山势越来越高，大大小小的瀑布也变得多起来，森林、雪峰和瀑布以随时变换的姿态交织在一起，慢慢地，地平线开始变得宽广起来，接着出现了星星点点的田地、果园和羊群，一下子把三个人从高山胜景拉入了田园生活中。

直到列车广播开始提醒乘客，终点站弗洛姆已经到达，米娜和多多才依依不舍地跟着路易斯大叔走下车。原来坐火车也这么有意思。这次的短途火车旅行，彻底颠覆了孩子们以往关于坐火车一定是很单调乏味的印象。

　　站台后面栅栏那一头，一群吃草的绵羊听到路易斯大叔几个人的说话声，齐刷刷地抬起了头，其中一只还一边嚼着嘴里的草，一边来到栅栏边。米娜和多多不禁被这些可爱的绵羊迷住了。这时，路易斯大叔喊道："嘿，要是还想去看峡湾，就赶紧过来啊！船就要开啦。"两个小家伙赶紧快步向路易斯大叔跑过去。

弗洛姆是一个只有几百人的小镇，它紧邻着奥兰峡湾（松恩峡湾的支湾），这是开始松恩峡湾之旅的必经之地。

　　路易斯大叔带着两个孩子来到渡口上了一艘小游轮，这时，天开始下起了小雨，不一会儿，水面上就升起了淡淡的白雾，远处的群山也变得若隐若现。米娜和多多来到船头的甲板上，看着两边远处的树林和近处的湖水混沌一片，显得一切都是那么宁静而安详。这里能听到的声响只有大大小小的瀑布从两边的山顶翻涌而下的轰鸣声以及头顶海鸟偶尔发出的鸣叫声。

　　路易斯大叔不知什么时候来到了他们的身后："看，你们觉不觉

得在哪部电影里曾经出现过类似的场景？"他指着前方像两扇大门左右分立的山峰问两个孩子。

"真的很眼熟，让我想想……"多多皱着眉，看着似曾相识的景致。

"是《指环王》吧？"米娜说。

"对！对！就是《指环王》！"多多连声说。

"没错，但电影里的景象是导演发挥了自己丰富的想象力，指挥着技术人员通过电脑制作出来的特效，这里可是真真切切的实景哦！"

　　这时候的米娜和多多，在随时变动的画面里，在氤氲飘渺的雾气中，感觉自己就是电影里身负使命的霍比特人，正驶向一个充满神奇与神秘的地方。远处的雪山却在时时提醒他们，这从山间奔涌而出的，是不断融化的雪水；两旁时而出现的红色、黄色的小房子，是当地人居住和生活的地方。这里是真实存在的仙境，是挪威的峡湾。

　　"现在我也理解为什么《国家地理》杂志会把挪威的峡湾列为世界上最美的五十个自然景观之首了。"路易斯大叔的语气中，带着深深的折服。

　　"因为自然原来就应该是这个样子。"米娜说。

指环王

《指环王》（The Lord of the Rings，又译《魔戒》），是英国作家托尔金的长篇奇幻小说，也是他早期作品《霍比特人》的续集，自出版至今，已经先后被翻译成近40种语言，尤其在被拍成电影三部曲之后，更是成为全球瞩目的鸿篇巨著。

托尔金原来的这部作品因为种种原因，最后分成了三册出版：《魔戒同盟》《双塔奇兵》《王者归来》。虽然它们通常被称为"魔戒三部曲"，但严格来说，这其实是一部完整的作品。

托尔金在《魔戒》前还出版了两本小说，分别为《霍比特人》（也译为《哈比人》）和《精灵宝钻》。

第 15 章

名不虚传的雨都

　　在来卑尔根的路上，路易斯大叔已经提醒过多多和米娜，要提前备好雨伞，穿上防水鞋。多多觉得路易斯大叔有点大惊小怪，不就是有可能下雨嘛，临时准备都来得及。

　　当站在卑尔根的街头时，多多才真正体会到了路易斯大叔的建议是非常有必要的。刚才还是晴空万里，

突然之间就下起雨来，而且从蒙蒙细雨很快就变成了瓢泼大雨，一点要停的迹象都没有。街上的行人似乎见惯不惊，个个若无其事地掏出伞或者披上雨衣，依旧忙着各自的事情，就连咖啡店门前遮阳伞下的白发老者也仍旧气定神闲地继续品尝美味的咖啡。

"路易斯大叔，怎么大家一点反应都没有啊？"挤在米娜伞下的多多问。

"哈哈，我先给你讲个关于卑尔根的笑话：有一个外国游客看着淅淅沥沥下个不停的雨，心里很着急，就找了一个当地的小男孩，问他：'这场雨什么时候会停啊？'小男孩脸上露出了为难的表情，摇摇头回答，'我也不知道，我才只有12岁'。"

"什么？难道这场雨已经下了12年？那今天的雨不是也……"多多的声音里已经带

着哭腔了。

"哎呀，路易斯大叔刚才已经说了，这是个笑话嘛！"米娜笑着说。

"还有一个不是笑话的。"路易斯大叔笑着继续讲道，"曾经有一年，卑尔根持续下雨，有人特意数了一下，已经连续下了200多天，于是市政府就准备到连续下雨300天的时候搞一个庆祝活动，结果在第299天的时候，天突然转晴了。乐观的市民们照旧举行了庆祝，只是把内容改成了庆祝雨终于停了。"

"不会真的这么夸张吧？要是真的下雨下那么久，不就相当于一年里有10个月都在下雨吗？"这回连米娜都有些疑惑了。

"我讲的第一个是笑话，第二个是传说，但是卑尔根号称'雨都'，可不是徒有虚名。在人们的印象中，北欧应该是一片洁白、处处寒冷的地方，但实际上只有北极圈以内的地方才是那样的景象，大多数地方受洋流的影响，冬季都是温暖湿润伴随着细雨纷飞的天气。尤其是卑尔根，因为处在被七座山峰环抱、靠山面海的独特地理位置，使它成为挪威最温暖的城市，冬天最冷的时候也不会低于零下25℃，夏天最热的时候会达到35℃以上。这座城市的名字直译过来就是'山中牧场'的意思，当然，它最大的特点还是多雨，每年有雨的日子在200天以上属于正常。"路易斯大叔说话的工夫，雨又变小了，淅淅沥沥飘洒下来。

多多又来了精神："看！不带雨伞照样也可以嘛。"

三个人走在卑尔根整洁的街道上，呼吸着雨后新鲜而湿润的空气，心情别说有多畅快了。

第 16 章

木屋里的故事

米娜忽然想起了在奥斯陆的时候，路易斯大叔说过卑尔根曾经一度是挪威的首都，后来才被奥斯陆取代，但她非常想弄清楚具体的经过是怎么回事，于是缠着路易斯大叔再讲讲。

路易斯大叔正举着相机拍摄

两边的木结构房屋，听见米娜发问，就指着两边的木屋对两个孩子说："那我就从这些木屋子讲起吧。咱们现在游览的地方是卑尔根最古老的城区，叫布吕根镇。早在中世纪的时候，卑尔根就是斯堪的那维亚半岛上一个重要的城市。1070年，国王奥拉夫·希尔在挪威的西海岸航行，经过这个美丽的港口，就把这里命名为卑尔根。卑尔根的繁盛，还要感谢不断被打捞上来的鳕鱼。进行鳕鱼交易大概在12世纪就已经开始了，那时候，商业行为就集中在咱们现在站着的这个小镇上。"

"那时候住在这里的人都在忙着做生意吗？"米娜问。

"当然不是。"路易斯大叔回答，"贸易主要由一些贵族们把持，到了汉萨同盟时期，欧洲各国对鳕鱼的需求量逐渐加大，而当时

108

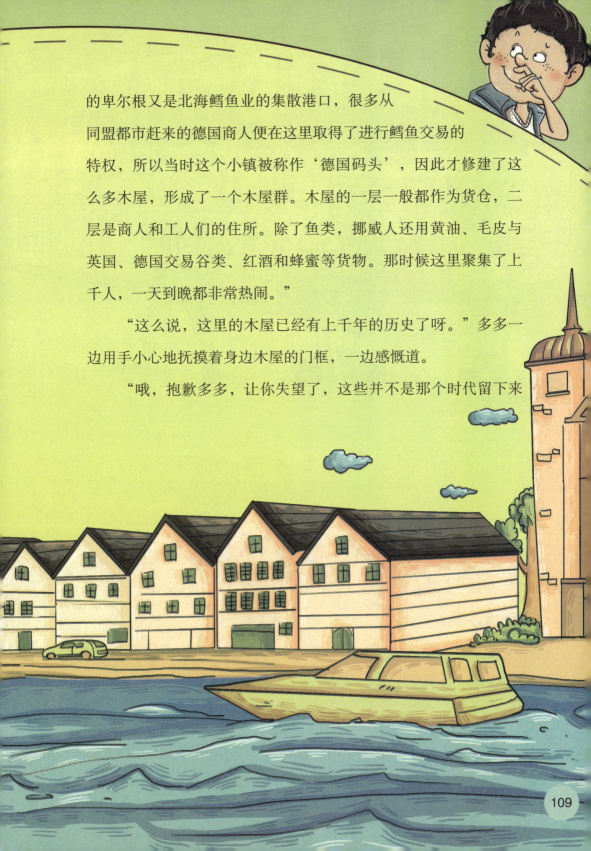

的卑尔根又是北海鳕鱼业的集散港口，很多从同盟都市赶来的德国商人便在这里取得了进行鳕鱼交易的特权，所以当时这个小镇被称作'德国码头'，因此才修建了这么多木屋，形成了一个木屋群。木屋的一层一般都作为货仓，二层是商人和工人们的住所。除了鱼类，挪威人还用黄油、毛皮与英国、德国交易谷类、红酒和蜂蜜等货物。那时候这里聚集了上千人，一天到晚都非常热闹。"

"这么说，这里的木屋已经有上千年的历史了呀。"多多一边用手小心地抚摸着身边木屋的门框，一边感慨道。

"哦，抱歉多多，让你失望了，这些并不是那个时代留下来

　　的原物。"路易斯大叔故意皱着眉头，撇撇嘴，对多多说。

　　"啊？那是为什么呢？"多多不明白自己抒发感情的对象怎么会找错了。

　　"这里最古老的木屋是1702年建造的，当时是德国商人的住宅、仓库和办公室，现在则被开辟成了汉萨博物馆，看，就是那边那座，屋顶上插着旗帜的。"

　　两个孩子顺着路易斯大叔手指的方向，看到了木屋群最前边的那座木房子，要不是路易斯大叔指点，他们还真不会发现它的特殊之处。

　　这里狭窄的小道两旁，每一座木屋都很工整、漂亮，尖尖的坡形屋顶显得有些陡峭,下面是或漆成暗红色或保持木料本色的墙壁,墙壁大多是用很规整的木板条拼接成的。墙壁上临街的一面有狭长的窗户,每座木屋都有一个院子和石砌的地下室。但每一座木屋又都有自己的特点,要么是通往二楼露天楼梯的护栏花纹很别致,要么窗台上摆放的花草或者木雕工艺品很优雅。总之每一个都那么漂亮,而且是属于自己的漂亮。

路易斯大叔侧过头看着多多,说:"刚才你不是问为什么不是一千年前的木屋吗?这些木屋的命运,也和卑尔根,甚至和整个挪威的命运在一个节奏上变化着。在14世纪

　　之前，卑尔根一直是挪威的首都。12世纪60年代，挪威国王马格努斯五世的加冕典礼就是在这里举行的。但卑尔根除了繁华与荣耀，更多的是在灾难和危机中度过的。在1349年的时候，英国水手给卑尔根带来了黑死病，并蔓延到整个挪威；而当初为了抵抗丹麦女王的扩张，由瑞典国王支持组织起来的全北欧海盗联盟'粮食兄弟'，在1394年洗劫了这座富裕的城市。在整个15世纪和16世纪，卑尔根要么经受了海盗的劫掠，大半被毁之一炬，要么成为挪威与邻国的战场，饱经创伤，但它仍然保持了斯堪的那维亚半岛最重要的城市之一和挪威最大城市的桂冠。"

　　"这么厉害？"米娜有些吃惊地问。

　　"是啊，它的贸易垄断地位一直持续到18世纪晚期。而最大城市的桂冠，直到1850年才被奥斯陆取代。现在，它还担负着挪威50%以上的港口货物吞吐量呢。"路易斯大叔讲道。

　　"看来这些木屋都是在一次次的战火中被毁坏的。"多多点点头，下了个结论。

　　路易斯大叔也点点头："大多数是这样，当然也有非战乱而引发的火灾，因为材料的关系，着火的几率和次数都太大太多。最早的木屋紧邻海边，据说现在海边的那几十米陆地，就是屡次火灾之后被烧毁的木料堆积出来的。有的木屋经过大火之后，会在原址上重建一所，有的则在20世纪初改建成了不怕火的砖屋。尽管如此，你们看到的有些木屋也有将近300年历史了。现在，这些木屋也被列入世界文化遗产的名录，属于重点保护对象了。"

斯堪的纳维亚半岛

斯堪的纳维亚半岛，位于欧洲大陆的西北角，濒临波罗的海、挪威海及巴伦支海，整个半岛长约1850千米，宽370~805千米。斯堪的纳维亚半岛的面积约为75万平方千米，是欧洲最大的半岛。半岛上有三个国家：西部的挪威、东部的瑞典以及芬兰北端的一部分。斯堪的纳维亚山脉横贯于挪威和瑞典之间。

斯堪的纳维亚半岛西部有很多的岛屿和峡湾，而且半岛上的资源丰富，尤其是木材、铁和铜。在20世纪，挪威沿岸的北海还发现了大规模的油田和天然气储量，给附近的国家带来了丰厚的收益。在斯堪的纳维亚半岛上，瑞典的斯德哥尔摩、哥德堡，挪威的奥斯陆等大城市是政治、经济和文化的中心。

木　铁　铜　油

第 17 章

欧洲最小的博物馆

　　路易斯大叔、米娜和多多三个人正走在湿漉漉的石砖地上，忽然从旁边木屋的院子里走出来一队穿得五颜六色的小学生。米娜不禁好奇地问："咦？这里还有座小学吗？"

　　路易斯大叔抬头仔细看了看那个木屋，又低头看了看手里的

路线图，回答说："那不是学校，那个二层的小楼应该就是第二次世界大战时期挪威抵抗运动的地下联络处，现在号称是欧洲最小的博物馆，恐怕这群孩子也是来参观的吧。"只见那些孩子规规矩矩地站在院门边，似乎在等人，但嘴里都在不停地说着话，想来是在讨论和交流刚刚参观的心得。

"我能进去看看吗？"多多突然兴致高涨。

在得到路易斯大叔的允许之后，多多将自己伪装成代号为"Theta"的挪威地下抵抗组织成员，猫着腰先在木屋的一楼门边左右看了看，然后三步并作两步沿着木楼梯噔噔噔跑上二楼。

多多走进屋里，发现除了看起来很结实的桌子、凳子外，没有什

么特别的东西，于是有点失望地转身出门。

路易斯大叔看着多多从楼梯上走下来，来到自己面前，脸上多少有些失望："路易斯大叔，从里面看到的不如从你嘴里知道的多啊。"

"多多，很多与历史沾边的人文景观需要知道相关的背景才能有所体会，就像这个秘密联络站，要是不知道它背后的故事和作出的贡献，也就是一个普通的木屋子啊，你还以为会像电影里看到的那样，桌子上摆满了新式武器和特工装备啊！哈哈！"路易斯大叔笑着拍拍多多的小脑瓜儿。

多多两手一摊："木屋子我已经看过了，现在需要听你讲讲背后的故事啦。"

"小懒蛋，我的很多东西也是从书上和资料上看到的啊。像这栋木屋，宾馆大厅的休息处就有它的详细介绍，你都没注意到。来，现在给你看看吧。"说着，路易斯大叔从随身的包里掏出一本薄薄的资料册递给多多。

多多接过路易斯大叔递过来的东西，是一本印刷精美的小册子，里面用挪威文和英文分别介绍了布昌根镇这些木屋的历史沿革，还配

有很多珍贵的画稿和黑白照片。

多多很快就翻到其中介绍这个秘密联络所的页面，上面讲述了这个木屋背后的故事：第二次世界大战爆发不久，挪威就宣布保持中立，可在1940年4月还是遭到了德国军队的闪电式进攻，挪威国王被迫逃到英国。虽然纳粹德国在挪威组建了傀儡政府，但挪威的地下抵抗运动一直都没有停止，"Theta"的成员都是19至22岁的年轻人，他们担负起了流亡政府和地下抵抗组织之间的联络工作。同时，这些年轻人还向盟军提供了德军在挪威西海岸部署的情报。那时候，他们每天骑着自行车，穿着普通的装束，把情报汇集在这里，再分发到各个地方。直到1942年，这个据点被德国的秘密警察发现和封锁，小木屋才结束了它的光荣使命。

看完了这段介绍，多多又抬头看了看小木屋，忽然有

一种很崇敬很激动的感觉。路易斯大叔从多多的眼神里看出了他的变化，也欣慰地笑了。

"出来玩的时间总是过得那么快！" 多多有些失望地抱怨着。这是三个人在挪威的最后一顿午餐，等会儿他们就要拿上行李赶去机场，路易斯大叔特地让他们早上多睡了几个小时，养足精神，准备回家了。

当飞机平稳飞行后，米娜和多多把脸紧紧地贴在舷窗的玻璃上，想多看一眼这个美丽的地方。毕竟，这里从城市到海湾，从雪山到森林，每一处都似乎只存在童话世界里，每一处景物又都仿佛有着旺盛的生命力，时刻展示着自己恬静和深刻的美。